JUST LIKE I LOVE YOU!
¡ASI COMO YO TE QUIERO A TI!

A Journey Around the World
Un Viaje Alrededor del Mundo

JUST LIKE I LOVE YOU!
¡ASI COMO YO TE QUIERO A TI!

A Journey Around the World
Un Viaje Alrededor del Mundo

Text and illustrations by Lisa López Smith
Translations by Luis Guillermo López Moreno and Ana Maria de Amaro
For Mateo, *mijo*: *Te quiero mucho!*

www.bookstandpublishing.com

Published by
Bookstand Publishing
Morgan Hill, CA 95037
3238_2

ISBN 978-1-58909-824-4

Printed in the United States of America

www.corefoundation.ca

A portion of all proceeds from this book will go to the CORE Foundation, a registered charity committed to providing humanitarian assistance through sustainable community development projects and programs.

Una parte de las ganancias de este libro se destinarán a la Fundación CORE, una organización benéfica dedicada a brindar ayuda humanitaria a través de proyectos y programas sostenibles de desarrollo comunitario.

Let's read about children around the world!

All around the world, there are children just like you! Some children eat different food, some play different games, and some have different families, but all the children in the world want to feel loved—just like you!

¡Leimos sobre niños alredor del mundo!

Alrededor del mundo, hay niños así como tu ¡Algunos niños tienen comidas diferentes, unos tienen juegos diferentes, y otros tienen familias diferentes, pero todos los niños en el mundo quieren sentirse queridos—así como tu!

Alessandra lives in Italy. She has a big family with lots of aunts, uncles and cousins. She likes to help her mother cook pasta with tomatoes for lunch. Alessandra's family loves her, just like I love you!

Alessandra vive en Italia. Ella tiene una familia grande con muchos tíos, tías y primos. A ella le gusta ayudar a su mamá a cocinar pasta con tomates para comer. ¡La familia de Alessandra la quiere mucho, así como yo te quiero a ti!

Mateo lives in Mexico. He likes to eat beans with corn tortillas that his aunt makes for him on a woodfire stove. He likes to climb the mango trees, and to ride the family's donkey. His family loves him, just like I love you!

Mateo vive en México. A el le gusta comer frijoles con tortillas de maíz que su tía hace para el en una estufa de leña. El se sube a los árboles de mango, y se pasea en el burro que pertenece a la familia. ¡Su familia lo quiere mucho , así como yo te quiero a ti!

Amanthi lives in Sri Lanka with her aunt and uncle. She loves to help her aunt in her restaurant, where they make rice with different kinds of curry. Amanthi can't hear or speak, but she is a wonderful helper, and her aunt and uncle love her, just like I love you!

Amanthi vive en Sri Lanka con su tío y su tía. A ella le gusta ayudar en el restaurante de su tía, donde ellos preparan arroz con diferentes tipos de curry. ¡Amanthi no puede oir o hablar, pero ella es una ayudante maravillosa; su tía y su tío la quieren mucho, así como yo te quiero a ti!

Louis and Marie are twins and they live in Canada. They love to build snowforts in the winter and to swim at the beaches in the summer. Marie likes fresh autumn apples and Louis likes to eat poutine with gravy and cheese. Their parents love them, just like I love you!

Louis y Marie son gemelos y viven en Canadá. A ellos les gusta construir fuertes de nieve durante el invierno y nadar en las playas durante el verano. A Marie le gustan las manzanas frescas de otoño y a Louis le gusta comer poutine con salsa de carne y queso. ¡Sus padres los quieren mucho, así como yo te quiero a ti!

Arafat Matimbano is from Uganda. He lives with his grandmother. He helps her by bringing firewood and water. They like to eat cassava and g'nut sauce. His grandmother loves him, just like I love you!

Arafat Matimbano es de Uganda. El vive con su abuelita. El le ayuda trayendo leña y agua. A ellos les gusta comer yuca con salsa de mani. ¡Su abuela lo quiere mucho, así como yo te quiero a ti!

Moana is from New Zealand and lives with her parents and her grandparents. Her favourite time of year is Matariki, which is when her family celebrates the land and the new season for growing food. Moana loves to fly her kite at the Matakiri festival. Moana's family loves her, just like I love you!

Moana es de Nueva Zelanda y ella vive con sus padres y sus abuelos. Su época favorita del año es Matariki, que es cuando su familia celebra la tierra y la nueva temporada para el cultivo de alimentos. A Moana le encanta volar su cometa durante el festival Matakiri. ¡La familia de Moana la quiere mucho , así como yo te quiero a ti!

Vivian lives in Brazil. Her family moved to Brazil just a few years ago. Vivian loves to play music and sing with her stepfather and her brothers and sisters. They like to eat feijoada made with beans and meat. Vivian's family and stepfamily loves her, just like I love you!

Vivian vive en Brazil. Su familia se mudó a Brazil hace algunos años. A Vivian le gusta tocar música y cantar con su padrastro y sus hermanos y hermanas. A ellos les gusta comer feijoada hecha con frijoles y carne. ¡La familia de Vivian la quiere mucho, así como yo te quiero a ti!

Abdul Salam lives in Palestine with his mother and brothers. He plays football with the neighbourhood children everyday after school, until his mother calls him to eat rice and meat for dinner. Abdul Salam's family loves him, just like I love you!

Abdul Salam vive en Palestina con su mamá y sus hermanos. El juega fútbol con los niños del vecindario todos los días después de la escuela, hasta que su mamá lo llama a cenar arroz y carne. ¡La familia de Abdul Salam lo quiere mucho, así como yo te quiero a ti!

Jasper is from Hong Kong. He loves to go fishing with his father on their little boat. He helps his mother to sell the fish, and together they all eat fish and rice on their little boat. Jasper's parents love him, just like I love you!

Jasper es de Hong Kong. A el le gusta ir a pescar con su papá en su pequeño bote. El le ayuda a su mamá a vender el pescado, y juntos ellos comen pescado y arroz en su pequeño barco. ¡Los padres de Jasper lo quieren mucho, así como yo te quiero a ti!

So many different children in so many different places!
But all of them are loved, just like I love you!

Tantos niños diferentes en tantos lugares diferentes!
¡Pero todos ellos son queridos, así como yo te quiero a ti!

Author's notes about the countries and characters:
Notas del autor sobre los países y personajes:

All the characters are completely fictitious; however, I drew on experiences from around the world to create the family and life situations of each character.

Todos los personajes son completamente ficticios, sin embargo son basados en mis experiencias alrededor del mundo para crear las familias y situaciones de vida de cada personaje.

Italy: In the background is Castel del Monte, located in southern Italy, and also on the one-cent Italian Euro coin.

Italia: En el transfondo está el Castillo del Monte, ubicado en el sur de Italia así como también en la moneda de un centavo de Euro.

Sri Lanka: This book has to acknowledge the wonder and delight, despite the challenges, that children with special needs bring to the world. Amanthi reminds me of my very special cousin Carmen, who loves to help too!

Sri Lanka: Este libro tiene que reconocer la maravilla y encanto a pesar de las dificultades, que los niños con necesidades especiales traen al mundo. ¡Amanthi me recuerda a una prima muy especial, Carmen, que le encanta ayudar también!

Canada: The painting is of the Similkimeen Valley in British Columbia. The two women in the background are in honour of all the fabulous parents of non-traditional families.

Canadá: La pintura es del Valle de Similkimeen en British Columbia. Las dos mujeres en el fondo honran a todos los fabulosos padres de familia no tradicionales.

Uganda: Arafat Matimbano lives with his grandmother, which is a common situation in many parts of Africa, where entire generations of parents have died from HIV/AIDS. The name of the Ugandan child was chosen in honour of Arafat, a Ugandan baby who lived in a rural village in the southwestern region of Uganda, and for Leonard Matimbano. Arafat died in 2007 at the age three months, and Leonard died in 2010, while attending university in Mbarara.

Uganda: Arafat Matimbano vive con su abuela, lo cual es una situación muy común en muchos lugares de Africa donde generaciones enteras de padres de familia han fallecido debido al HIV / SIDA. Los nombres de los niños de Uganda fueron escogidos en honor a Arafat, un bebe de Uganda que vivió en un pueblo rural en la región suroeste de Uganda y por Leonard Matimbano. Arafat murió en 2007 a la edad de tres meses y Leonard murió en el 2010 mientras que estudiaba en la universidad de Mbarara.

New Zealand: Moana is a Maori name meaning "the sea." Matariki is a traditional Maori festival for the New Year. Matariki indicates how bountiful the coming harvest will be, and is also another occasion to celebrate by flying kites!

Nueva Zelandia: Moana es un nombre Maori que significa "el mar". Matariki es un festival tradicional Maori del año nuevo. ¡Matariki indica lo abundante que será la cosecha siguiente y es otra ocasión adicional para celebrarlo volando cometas!

Brazil: I have a friend in Brazil, who like the child in the story, lives in limbo: having escaped a war in Angola, but still waiting for his papers to stay in Brazil. Brazil is one of the most musical places I have ever been, and so of course, Vivian and her family love playing music!

Brasil: Tengo un amigo en Brazil quién como el niño del cuento, vive en el limbo, habiendo escapado una guerra en Angola pero aún espera sus papeles para quedarse en Brasil. Brasil es uno de los países más musicales en los que he estado y por supuesto que a Vivian y a su familia les encanta tocar música.

Occupied Palestinian Territories (Palestine): Abdul Salam means Son of Peace, as peace is my hope for the region. The child doesn't have a father, as so many families have been torn apart (in both Israel and Palestine), due to the lengthy conflict. There are deeply dedicated peacemakers, as well as children who are loved, on both sides of the border!

Los territorios ocupados Palestinos (Palestina): Abdul Salam significa Hijo de Paz, ya que la paz es mi deseo para esa región. El niño no tiene un padre, así como muchas familias han sido destrozadas (tanto en Israel como en Palestina) debido a los conflictos prolongados. Hay muchos pacifistas dedicados a brindar pazasí como niños amados en ambos lados de la frontera.

Hong Kong: I loved to watch the fishing boats down in Sai Kung village, which is outside of the downtown. Jasper is named for a friend living there.

Hong Kong: Me encantaba ver los barcos pesqueros en el pueblo de Sai Kung que está ubicado a las afueras del centro. El nombre de Jasper es dedicado a un amigo que vive allí.